谷城
文物精粹
GUCHENG
WENWU JINGCUI

谷城县博物馆 编著

文物出版社

目录

序

艾文金

　　谷城位于湖北西北部，大巴山余脉东段，滨汉水之要津，邻襄阳，偎武当，是鄂豫进入川陕的"咽喉"，上可达川陕南，下可至江汉平原，地理位置优越，历代为兵家必争之地和南北文化交汇之所。

　　谷城自然环境优美，山水秀丽，人文荟萃。境内名胜古迹众多，有全国重点文物保护单位茨河承恩寺，有被誉为"中国南避暑山庄"的大薤山国家森林公园，有"小三峡"之称的南河山水等。春秋名士伍子胥、南宋著名词人王之望、明朝廉臣方岳贡、辛亥首义烈士杨洪胜等堪称一代骄子。

　　谷城历史悠久，文物资源丰厚，早在史前时期古人类就在这块丰腴的土地上生息繁衍，辛勤耕耘，为我们留下了宝贵的文化财富。新石器时代的水星台遗址、春秋石花楚墓、秦汉过山墓群、南北朝肖家营画像砖墓等出土了一大批珍贵文物。纹饰精美的青铜器、玲珑剔透的玉器、生动传神的画像砖等，既有深邃的学术研究价值，又有悦目的观赏价值。点滴之中可以窥见谷城先民的开拓精神和创新意识，也为谷城留下了丰富多彩的精神文化财富。

　　博物馆是展示一座城市文明风采和记忆的窗口，肩负着文物收藏保护和宣传研究的职责，肩负着传承地方优秀传统文化的神圣使命。谷城博物馆编纂的《谷城文物精粹》图集，以图文并茂的形式展示了谷城从史前至明清的文物精品，记录了不同时期的遗迹、遗物，旨在让更多的人认识谷城的历史，体会谷城深厚的文化底蕴，展示谷城在文化建设中所取得的成就。这是一件功在当代、利在千秋的文化盛事。在此，我代表县委县政府向为保护文化遗产、传承优秀文化付出艰辛劳动的文物工作者表示衷心感谢，并致以崇高的敬意。

　　谷城已进入经济社会快速发展的健康轨道，科学发展，跨越式发展，已经成为全县的主旋律。经济的发展，社会的进步，必然需要先进的文化作支撑。繁荣文化艺术，增强文化软实力，推进文化的大繁荣、大发展，是增强国力、实现民族伟大复兴的必然要求。因此，我们要进一步增强发展文化事业的责任感和使命感，努力保护谷城这方土地上的优秀文化遗产，努力继承和弘扬优秀传统文化，努力丰富多种形式的文化艺术活动，努力推出具有谷城地方特色且具有恒久魅力的谷城文化品牌。以文化促发展，以文化促和谐。通过文化软实力的提升，推进生态、诚信、和谐谷城建设，推进谷城走向更加美好的未来！

　　是为序。

前言

　　谷城县位于湖北省西北部，汉水中游西南岸，武当山脉东南麓。据《元丰九域志》载，"谷城，因神农氏在此尝植五谷得名"。商代为彭国，西周时为谷国。秦汉依筑水建筑阳县。三国两晋南北朝时期，县制几经更改，先后设扶风郡、义成郡、宜禾县、泛阳县、万年县、义成县等。隋开皇十八年（598），更名为谷城县，距今已逾1400余年。

　　谷城历史久远，文化绚烂。早在新石器时代就开始有人类在此繁衍生息。目前，谷城境内共发现新石器时代遗址12处，主要分布在南河、北河两大支流靠近河岸的台地上，以北河流域石花、城关镇段分布最广。其中，史前时期的遗址以2005年发掘的下新店和水星台遗址最有代表性，遗址中清理出房址、井、壕沟、灰坑等古人类生活遗迹，出土了大量生活用具和生产工具，生活用具主要有陶鼎、盆、罐、豆、圈足碗、杯、盂形器、壶形器、缸、器盖、擂钵、器座等；生产工具有石斧、石凿、彩绘陶纺轮等。遗址的文化内涵主要以长江流域新石器时代晚期石家河文化为主体，为研究谷城地区史前时期文化面貌、社会生产、生活及聚落的发展演变等提供了丰富的实物资料。

　　西周至春秋早期，谷城为谷国、绞国等诸侯国所在地，至迟在春秋早期，今谷城东一部曾成为邓国辖区。《春秋》载："（鲁桓公）七年（前705）夏，谷伯绥来

朝，邓侯吾离来朝。"邓、谷国土相接交好，两国国君相约朝鲁，说明谷、邓两国之间关系密切，世代友好。前678年楚灭邓，约前676至前656年间，楚灭谷、绞等国，谷城随之纳入了楚国版图。20世纪70年代至今，在谷城境内的过山、石花、庙滩、冷集等地，先后出土了两周时期的文物近千件，青铜容器有鼎、簋、簠、盏、敦、壶、罍等，乐器有钮钟，兵器有剑、戈，车马器有马衔、车舀、桃饰等；玉器有璧、璜、环、佩等。器物种类丰富，制作精湛，造型生动，纹饰精美。尤其是铭文铜器涉及的周代诸侯国有谷、中、许、邓、鄀等，具有较高的历史价值和艺术价值，为研究楚文化和谷城历史文化提供了宝贵的第一手史料。

1977年，谷城下新店出土一批特色鲜明的春秋中期前段的青铜器，器物特征虽然以楚文化为主体，但也有鲜明的地方特色。如窃曲纹立耳铜鼎、蟠虺纹三环耳铜缶、平盖附耳蟠虺纹铜鼎等，显然受到了中原文化、楚文化及江淮区域文化等因素的共同影响。这也是襄阳地区出土时代最早的楚器，证明在楚国发展壮大的历史进程中，谷城地区起到了中枢纽带的作用。2000年，谷城庙滩播鼓台出土了春秋早期青铜礼器鼎、簋各2件，铜鼎器形较小，制作粗糙，鼎内铸有铭文"邓子孙白用"，此墓是春秋早期邓国宗室的低等贵族墓葬。1983年在谷城北河镇禹山庙嘴出土的春秋晚期铜器"中子宾缶"，缶肩上刻两行铭文："邿（中）子宾之赴（福）缶。"经初步考证，"中"为汉阳诸姬之一的小国，后为

楚国所灭，成为楚国占领区域内重要的氏族集团。值得注意的是，此缶腹部有8个绚索纹圆饼饰，圆饼饰正中凹一玉璧状的圆孔，孔面无纹饰。这与楚系浴缶中心有纹饰不同，颇具地方特色。中子宾缶的出土对研究"中"国的历史，及楚之"中"氏家族的演变提供了珍贵资料。

2009年5月，襄阳市公安机关破获了谷城冷集尖角盗掘古墓案，两次追缴文物71件，以战国时期的青铜器、玉器为主，部分珍贵文物填补了襄阳地区馆藏文物的空白，是研究楚文化的宝贵资料。其中铜鼎、壶、盉、豆、编钟、小罐、戈、马衔，玉璧、璜、佩等大部分文物应出自一座大型战国楚墓，包括2件"危子曾"铜壶，壶盖、腹部均铸有铭文："危子曾自作铸壶"。此壶的出土证实楚国曾经有一支"危"氏贵族，填补了史料记载的空白；勾连云纹铜豆、方壶等，均运用了错金属丝及镶嵌工艺，器物云纹舒展，凹凸有致，花纹凹陷处金属丝、红铜、绿松石仍清晰可见，整器显得雍容华贵，层次分明，蕴藉沉厚，堪称稀世珍宝；编钟11件大小相次，构成完整的一组，这在谷城区域属首次发现；螭龙谷纹玉佩，整器扁平，龙颔首，拱背，卷尾，脊部立一回首螭，满饰谷纹，造型别致。该墓的级别较高，很可能是楚国在谷城区域的一个封君，表明楚人对该地区的重视程度，其原因或与该地距离楚人祖居地丹阳不远有关。

秦汉时期，全国分裂局面结束，处在南北文化交往主干线上的谷城，历史文化出现了繁荣的景象。反映当时人们社会生活、意识形态的生活器皿、模型明器大量出现。其中肖家营张飞城遗址、过山汉墓群、田家洼汉墓群出土遗物最具代表性。此时，用于陪葬的明器以低温铅釉陶器为主，低温铅釉陶约在西汉中期出现，东汉盛行。谷城汉墓中出土的釉陶器有：盘口壶、罐、勺、耳杯、博山炉、灶、仓、井及犀牛、狗、猪等动物形象。由于生产力水平的提高，铁器的大量使用，作为王权和政治权力象征的青铜礼器已经走向衰落，并向生活用具转化。1973年谷城县三岔路前锋大队出土东汉铁锄，虽历经千年，仍保存完好，反映了当时铸铁工艺技术精湛。出土的青铜器以生活用具为主，种类有鼎、壶、釜、钫、蒜头壶、簋、盘、洗、耳杯、博山炉等，器物大多纹饰简单，制作单薄。

三国两晋南北朝时期是中国历史上政权更迭最频繁的时期，谷城先后隶属于南朝的宋、齐、梁和北朝的西魏、北周，处于南北纷争地带的谷城，文化特征表现出以南朝文化为主体，又具有中原风格的特色，显示南北文化交汇特征。1999年谷城县肖家营变电站发掘出一座画像砖墓，墓内出土的侍女俑，或双髻，或束发，有的手提小凳，有的双手捧帽，神情专注，形象逼真，真实再现了六朝时期士族的世俗生活面貌。陶俑均为模制后插合成型，腹部微凸，这些特征与中原北朝风格相近，说明谷城地区是南风北传的主要通道之一。值得一提的是，在谷城的肖家营和粉水广场先后发掘了两座南北朝画像砖墓，墓中出土的二百多块画像砖，制作精良，内容丰富，题材广泛。如"钱斧"、"大利卜"文字砖，在襄阳地区尚属首次发现，"钱斧"是仪仗用的器具，"大利卜"是占卜选好日子下葬，这对于研究南北朝时期的丧葬习俗提供了珍贵的实物资料。墓葬内出土的反映佛教艺术的飞天形象，姿态优美，动感十足，与敦煌早期壁画内飞天形象极为相似，都是在吸收外来飞天特点的基础上融合中原文化而形成的，反映了当时佛教流行的盛况。墓葬内出土武士出行、仕女、青龙、朱雀、二龙戏珠、莲花、忍冬、飞天、西番莲、宝瓶等内容画像砖，画像集雕刻与绘画为一体，线条流畅，形象生动，栩栩如生，为研究南北朝的艺术特征、生活习俗及道教、佛教与儒家文化的融合提供了不可多得的生动资料。此时，瓷器的烧造技术发展很快，是中国瓷器发展的重要阶段。谷城境内出土的青瓷器具有典型的南朝风格，器类有龙柄鸡首壶、罐、钵、碗、盂、盘口壶等，胎质较细腻，釉色纯净。

　　唐代书写了我国古代历史最为灿烂夺目的篇章，宋元明清时期逐步完成了中国政治、经济格局的定型。作为南北经济文化交往必由之地的谷城，汇聚了来自不同窑系的瓷器、不同风格的墓葬形制及艺术风格。如越窑瓷盘口壶、香炉，定窑白瓷碗等。宋墓普遍流行北方仿木结构砖室墓，墓门或墓中有斗拱等建筑构件及桌椅等家具造型。此外，隋禽兽纹镜、唐真子飞霜镜、宋柳毅传书镜、明五骏铭文镜等铜镜纹饰精美，做工细致，显示了精湛的工艺水平。1979年谷城县粟谷公社出土的4件石俑，双手分别捧杯、桃、盒、瓶等，造型生动，形态各异，为研究明代舆服制度、石雕艺术等提供了宝贵的资料。馆藏明清时期传世文物有明黄玉笔筒、清浮雕人物故事玉屏、清乾隆八卦琮式瓷瓶、清"福禄寿"玉佩、民国人物木雕等，雕琢精细，刀法娴熟，人物传神逼真，真实地再现了当时人们的生活格调和审美情趣。

　　保护文化遗产，传承历史文脉，彰显人文精神，是博物馆发展的宗旨。而作为历史文化财富的收藏、研究和宣传教育机构的谷城县博物馆，现收藏不同时期、不同质地和类别的文物2000余件，其中一级文物14件，二级文物23件(套)。新石器时代实用质朴的陶石器、春秋时期纹饰精美的青铜器、汉魏时期色彩艳丽的釉陶器、南北朝时期栩栩如生的画像砖及唐明清质地细腻的瓷器等，都具有极高的历史价值和艺术价值。为集中展示谷城丰富的历史文化资源，为广大市民提供一个了解谷城历史文化的平台。时值谷城县博物馆免费开放之际，我们从馆藏品中遴选了180余件珍贵文物，并选择了谷城古建筑集大成者的几处地上文物汇编成《谷城文物精粹》图集。图集基本上反映了谷城县博物馆半个世纪以来文物收藏、保护、研究的成果，但愿能起到"窥一斑而知全豹"的效果。同时，我们以此书奉献给关心、支持谷城文物事业发展的国内外学者、文物考古爱好者及社会各界朋友，让谷城优秀文化在全社会的关爱下，不断传承光大。

青铜器
Bronzes

鼎

春秋早期
通高21、口径26厘米
谷城县城关镇邱家楼墓地出土
2007年谷城县公安局移交

侈口，方唇，折沿，立耳，圆腹，圜底，三蹄足。耳饰重
环纹，腹部饰两组凸目窃曲纹，间以凸弦纹。鼎是青铜礼
器中的主要食器，其用途主要有烹煮肉食、实牲祭祀和宴飨
（xiǎng）等，同时，鼎也被当作"明尊卑，别上下"的重
器，是统治阶级等级制度和权力的标志。

鼎

春秋早期
通高25.6、口径26.4厘米
谷城县城关镇邱家楼墓地出土

敛口，平沿，方唇，立耳，圆腹内收，阖底近平，三粗蹄形足。耳饰重环纹，上腹饰窃曲纹、凸弦纹各一周。内壁铸铭文二十三字："唯八月初吉许成王子择亓（其）吉金作鼎子子孙孙永宝用之"。

鼎

春秋早期

通高19、口径19.5厘米

谷城县庙滩镇擂鼓台墓地出土

敞口，平折沿，立耳，腹较深，蹄足。上腹部饰一周重环纹，下腹饰垂鳞纹。器内壁铸有三列五字铭文："邓子孙白用"。铭文中"邓"既是国名，又是族姓，"子"为古代贵族男子的习称。整句意为"邓国王室贵族男子孙白享用"。

鼎

春秋早期
通高33.6、口径36厘米
谷城县石花镇下新店墓地出土

敞口、方唇、宽折沿、立耳外撇、圆腹较深、圜底、三粗壮蹄
足。腹饰窃曲纹、凸弦纹。底部可见三角形铸痕。

簠（fǔ）

春秋早期
通高15、口径32×20厘米
谷城县城关镇邱家楼墓地出土
2007年谷城县公安局移交

带盖，盖、器形制纹饰相同。长方体，直口，方唇，折沿，盖、器两短边各置对称环耳，矩形圈足，平底。盖顶饰蟠虺纹，口沿饰勾连云纹，腹、圈足饰蟠虺纹。簠是古代祭祀和宴飨时盛放黍、稷、粱、稻等饭食的器具，《周礼·舍人》："凡祭祀共簠簋。" 簠的基本形制为长方形器，盖和器身形状相同，大小一样，上下对称，合则一体，分则为两个器皿。簠出现于西周早期，主要盛行于西周晚期至春秋中期，战国晚期以后消失。

簠

春秋早期
通高18.6、口径30.2×23.5厘米
谷城县石花镇下新店墓地出土

带盖，盖、器形制纹饰相同。长方体，直口，方唇，折沿，两兽首耳残缺，矩形圈足，平底。盖长边有兽面卡扣。盖顶饰窃曲纹，口沿饰三角云纹。

簋（guǐ）

春秋早期
通高23、口径16、腹径11.1厘米
谷城县庙滩镇擂鼓台墓地出土

覆碗形盖，盖顶部饰喇叭形握手。鼓腹，圈足，下铸三兽面扁足。腹部对称置凤形耳，盖饰三道凸弦纹及一周云雷纹，肩和圈足各饰一周云雷纹，腹部饰四道凸弦纹。

壶

春秋早期
通高36、口径14、腹径22厘米
谷城县城关镇邱家楼墓地出土
2007年谷城县公安局移交

失盖，两耳残缺。子口，长颈略内束，鼓腹下垂，圜底，高圈
足。颈上部饰蟠虺纹，腹部与圈足饰垂鳞纹。壶是古代盛酒
的器皿，《诗经》："清酒百壶"；当时也用它盛水，《孟
子》："箪食壶浆"。

壶

春秋早期
通高18、口径4、腹径9.2、底径5.5厘米
谷城县城关镇洞山寺征集

口微侈，长颈，溜肩，圆鼓腹，圈足。颈部饰四组蕉叶纹，腹部饰六组兽面纹与变形云雷纹，圈足饰菱形纹。

鼎

春秋中期
通高30.5、口径24.5厘米
谷城县石花镇下新店墓地出土

带盖。子母口内敛，方形附耳，深鼓腹，圜底，三蹄足。盖顶近平，正中置一梯形钮，周置三云形钮。盖饰一周蟠虺（huǐ）纹，耳饰蟠虺纹，腹部分别饰有蟠虺（huǐ）纹、凸弦纹和垂鳞纹。矩形钮平盖附耳鼎多流行于江淮流域，系楚灭谷（前676～前656）后与各地区文化交流的产物。

鼎

春秋中期
通高20.5、口径18.5、腹径20.5厘米
谷城县城关镇禹山庙嘴墓地出土

子母口，肩附两耳外撇，鼓腹，圜底，三蹄
足，耳腹均有蟠螭纹，腹部饰一道凸弦纹。

缶

春秋中期

通高24、口径17、腹径37、底径21厘米

谷城县石花镇下新店墓地出土

直口，矮领，广肩，圆鼓腹，三环耳，平底微内凹。肩饰一周
蟠虺纹，腹饰蟠虺纹和三角云纹。缶有尊缶和浴缶两种，尊缶
为酒器，此器为浴缶，亦称盥缶，用以盛水，盛行于春秋晚
期至战国时期。此件三环耳浴缶与典型的楚式缶有很大的差
异，具有浓郁的地方特征。

盘

春秋中期

通高8.5、口径35.7、腹深6.2厘米

谷城县石花镇下新店墓地出土

敛口，折沿，方唇，双环耳，圜底，三蹄足。素面。
盘，商代至战国时期流行的一种水器。当时盥洗用匜
浇水，以盘承接。盘的变化是早期为圈足盘，中期为
三足盘，盘底无圈足，以蹄形足、三环钮形足或龙形
足取而代之。

舟

春秋中期

通高8.5、长20.7、宽14.8厘米

谷城县石花镇下新店墓地出土

体近椭圆形，直口，束腰，平底，下附三矮兽面扁平
蹄足。束腰处置对称兽耳。耳部饰重环纹。

斗

春秋中期

高16.5、通长27、口径8.7～9.5厘米

谷城县石花镇下新店墓地出土

斗呈椭圆形，直口内敛，鼓腹，圜底。斗柄呈九棱形，整体呈
"之"字形弯曲，并以小"之"字形附件与斗身相接。柄中空，可
安木柄，上有一圆穿。颈、腹分别饰有绳索纹、双线横"之"字形
云纹、三角云纹，柄上端饰绳索纹，中间夹以"之"字形云纹。斗
为古代舀水的器具，《仪礼》："司宫设罍水于洗东，有枓。"枓
即"斗"，盛行于春秋战国时期。

带盖，盖、器形制纹饰相同。

簠

春秋中期
通高19、通长30、宽23厘米
谷城县石花镇下新店墓地出土

带盖，盖、器形制纹饰相同。敞口，方唇，平折沿，斜腹，平底，长方形圈足略外撇。腹部置对称兽形耳，口沿下四面均饰三角纹，四足中心均有一凹缺。

壶

春秋中期

通高47、口径19.5、腹径26.2厘米

谷城县石花镇下新店墓地出土

侈口，平沿，长颈，鼓腹，圈足。口沿内外各饰一周窃
曲纹，颈部饰两周窃曲纹，圈足外饰一周窃曲纹。

壶

春秋中期
通高46、口径19.5厘米
谷城县石花镇下新店墓地出土

侈口，长颈，鼓腹，平底，圈足。肩部饰窃曲纹，颈饰凸环带
纹、"亚"字形几何纹，圈足饰"亚"字形几何纹。

鼎

春秋晚期

通高24.5、口径20.5、腹径21厘米

谷城县城关镇过山墓地出土

浅弧盘状盖。子母口，长方形附耳，深腹，圜底，三蹄足。盖上置三环形钮。盖饰云雷纹及两道凸棱纹，腹部饰两道云雷纹及一道凸棱纹，足面饰云雷纹。

缶

春秋晚期
通高31.5、口径22.7、腹径39、底径21厘米
谷城县城关镇禹山庙嘴墓地出土

口微侈，方唇，平沿外折，溜肩、圆鼓腹、矮圈足、平底。肩部对称分布一对耳，腹部饰一周蟠螭纹，其间分布八个圆饼纹，圆饼上刻有一圈双路绚索纹，正中凹一玉璧状圆孔。肩部铸有两行六字铭文："邟（中）子宾之赴（福）缶"。缺盖、双耳脱落。"中"为汉阳诸姬之一的小国，后为楚国所灭，成为楚国占领区域内重要的氏族集团。

盏

春秋晚期
高11.7、口径21.8厘米
谷城县城关镇过山砖厂征集

失盖。器身为半球形。敞口，圆唇，弧腹，圜底，三兽蹄形足略外撇，口沿下对称分布一对环形耳。耳上饰绹索纹，口沿一周有阴刻铭文："鄝王孙婳择其吉金自作飤盏"。器腹用镶嵌工艺饰一周几何纹、一周兽纹，兽作虎形，张口曲颈，塌腰蹶臀，爪尖利，长尾卷曲上翘。器底饰旋涡纹，蹄足上饰兽面纹。器表所镶嵌已失，仅存虎兽形状。

鼎（2件）

战国早期

通高25～29、口径20.5～21.8、腹径25～26.3厘米

谷城县冷集镇尖角墓地出土

2009年谷城县公安局移交

带盖，盖中置一环钮，盖缘饰三牲钮。子母口微敛，附耳略外撇，鼓腹，圜底，下承三兽面蹄足。器盖、器身均由二周凸弦纹将蟠虺纹分为两组。

壶

战国中期

通高38.5、内口径9.1、底径13.7、腹径21厘米

谷城县冷集镇尖角墓地出土

2009年谷城县公安局移交

带盖，盖缘饰三个鸟形环钮。侈口，长束颈，深鼓腹，圈足。上腹部对称置二铺首衔环，壶身一侧近衔环处饰一涡纹。壶盖及壶腹部均铸有"危子曾自作铸壶"七字铭文，其中"危"是姓氏，"子"是中国古代对男子的尊称，铭文意为此壶为危子曾为自己所铸。目前掌握的历史文献资料中无危氏家族记载，此件青铜器的出土证实楚国曾经存在过一个危氏家族，填补了历史文献资料的空白。

战国中期

通高48、口边长11.3、底边长14.2、腹径25.7厘米

谷城县冷集镇尖角墓地出土

2009年谷城县公安局移交

带盖，盖呈覆斗形，盖缘饰四个鸟形环钮。侈口、长束颈、方鼓腹、方圈足。上腹部对称置二铺首衔环，通体饰勾连卷云纹，此器胎体厚重，制作精良，运用错金属丝及嵌孔雀石工艺，纹饰细腻，花纹凹陷处金属丝、孔雀石仍清晰可见，器物整体散发幽幽的绿色光芒，堪称稀世珍宝。

壶

战国中期
通高34.5、口径8.3、底径12.1、腹径21厘米
谷城县冷集镇尖角墓地出土
2009年谷城县公安局移交

带盖，盖缘饰三个鸟形环钮。侈口，长束颈，深鼓腹，圈足。上腹部对称置二铺首衔环。

豆

战国中期

通高25.1、口径16、底径13.2、腹径18.2厘米

谷城县冷集镇尖角墓地出土

2009年谷城县公安局移交

带盖，盖呈覆钵形，上置一圆形捉手。子母口，圆腹，下承喇叭状高圈足。盖顶部、器腹部均饰一周凸弦纹。通体饰勾连卷云纹。此器胎体厚重，制作精良，运用错金属丝及嵌孔雀石工艺。云纹舒展，凹凸有致，部分镶嵌物脱落。豆，古代食器，多盛肉酱一类食物。青铜豆出现在商代，盛行于春秋战国时期。错金属丝及镶嵌工艺始于春秋中期，盛行于战国时期，西汉以后逐渐走向衰落。

钮钟 （11件）

战国中期
通高12.2～18.7、铣宽4.9～7.4、舞宽4.5～8、钮高3.1～3.4厘米
谷城县冷集镇尖角墓地出土
2009年谷城县公安局移交

整器呈合瓦形，桥形钮，器身两侧从舞部至铣部各有一道扉棱，两面各有5个枚。器钮、舞部、器身满饰云雷纹，鼓部饰蟠螭（chī）纹，枚上饰涡纹。钟为古代祭祀或宴飨时用的乐器，古属八音之一金类。此种青铜打击乐器，从三千年前的夏王朝的铜铃开始，到商代的铜铙、西周的镈（bù）钟，东周的各类编钟，形制越来越复杂，编列越来越大。钮钟是西周甬钟的钟体和铜铃的钮相结合而派生出来的新式钟类乐器。为弥补西周甬钟"五音不全"的缺陷，健全编钟的音列，得到更好的音乐声色的享乐，又不违反当时森严的礼乐制度，更能适应中小贵族财力的许可，这种带钮的小型编钟应运而生，钮钟与甬钟在形制上的主要区别是其舞部置一环状的吊钮代替了甬钟的甬把，使用时垂直吊挂，形体一般要比甬钟小得多。

提梁盉（hé）

战国中期
通高26.6、口径9.6、腹径21厘米
谷城县冷集镇尖角墓地出土
2009年谷城县公安局移交

带盖，直口，扁圆腹，圜底，下承三兽面蹄足，颈部置双龙首梁，梁上有链环与盖上环钮相连，腹部一侧置兽首流，另一侧对称置一蜷曲回首龙。器盖由一周凸弦纹将纹饰分为两组，外周饰一周绚索纹，内周饰卷曲龙纹，盉腹部饰二周绚索纹，满饰珍珠地纹和蟠螭纹。此器造型别致，纹饰生动，制作精工。盉为盛酒器，一说是古人调和酒、水的器具。形状较多，一般是深腹、圆口、有盖、前有流、后有鋬、下有三足或四足，盖和盉之间有链相连接。盉从商代至战国都有，尤其盛行于商和西周。

鼎

战国晚期

通高17、口径12.9、腹径17.5厘米

谷城县冷集镇尖角墓地出土

2009年谷城县公安局移交

带盖，盖缘饰三鸟首环钮，子母口微敛，附
耳，鼓腹，圜底，下承三矮蹄足。腹部饰一周
凸弦纹

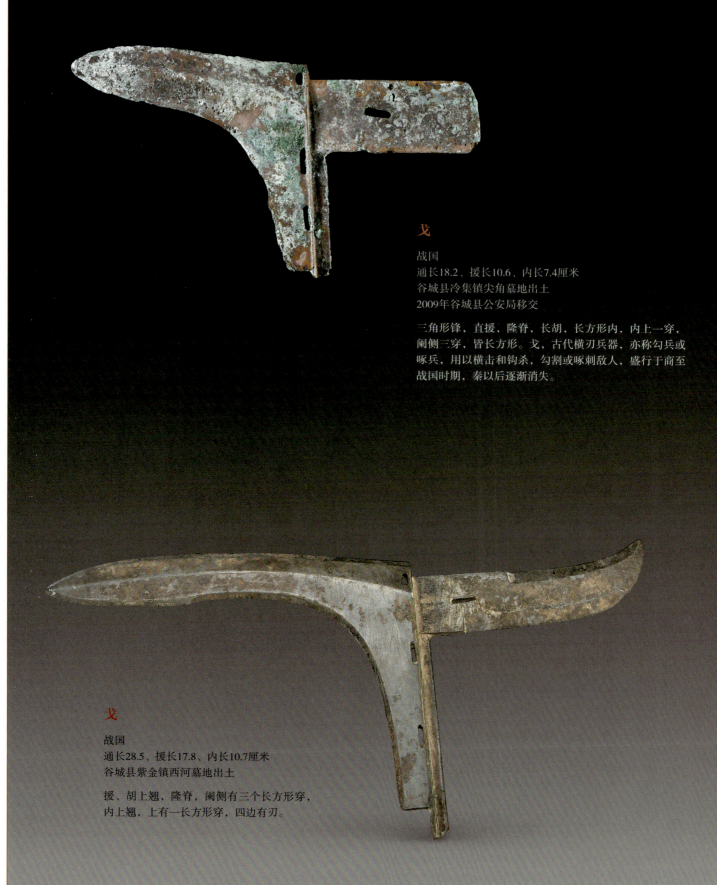

戈

战国
通长18.2、援长10.6、内长7.4厘米
谷城县冷集镇尖角墓地出土
2009年谷城县公安局移交

三角形锋，直援，隆脊，长胡，长方形内，内上一穿，
阑侧三穿，皆长方形。戈，古代横刃兵器，亦称勾兵或
啄兵，用以横击和钩杀，勾割或啄刺敌人，盛行于商至
战国时期，秦以后逐渐消失。

戈

战国
通长28.5、援长17.8、内长10.7厘米
谷城县紫金镇西河墓地出土

援、胡上翘，隆脊，阑侧有三个长方形穿，
内上翘，上有一长方形穿，四边有刃。

戈

战国

通长28、援长16、内残长2.6厘米

谷城县城关镇过山墓地出土

器体扁薄，内、援较平直，援中脊起棱，阑侧
有一圆穿、两长方形穿，内上有一长方形穿。
阑、内稍残。

剑

战国

长48.5、剑身39.6、首径格3.5厘米

谷城县城关镇过山墓地出土

圆首，圆茎中空，隆脊。

马衔

战国
通长23厘米
谷城县城关镇过山墓地出土

两端有椭圆环，中间两小环相套接，大小环间
以绳索形柱体连接。

马衔

战国
通长20.4厘米
谷城县冷集镇尖角墓地出土
2009年谷城县公安局移交

两端为圆环，中间为两小环相套，大小环间以
绳索形柱体相连接。

车軎（wei）（8件）

战国
通高5.8～6.7、底径5.4～6.1、内孔径3.4～3.7、顶径3.1～3.2厘米
谷城县城关镇过山墓地出土
2009年谷城县公安局移交

形制相同。整器呈扁圆筒状，斜直壁、平顶，内部中空，近底部有长方形辖孔，顶饰涡旋纹，腹部饰一周绚索纹。辖为狭长条状，顶部饰一兽形。軎是套在车轴的两端、用以加固的轴头。辖是车轴上的销子，插入轴末端的方孔内，以防车轮脱出。辖与軎一般配合使用，也有单独使用的，商代晚期出现青铜軎，西周早期出现青铜辖，一直流行到西汉前期，以后就用铁铸造。

蒜头壶

秦
通高30、口径3、底径13、腹径21.5厘米
谷城县城关镇过山墓地出土

六瓣蒜头形小口，长束颈，圆鼓腹，圈足。

钫壶

西汉
通高33、口径8.4、腹径16.3、圈足径10.2厘米
谷城县城关镇禹山庙嘴墓地出土

覆斗形盖，盖缘置四鸟形钮。束颈，溜肩，鼓腹，圈足。肩置两对称铺首衔环。

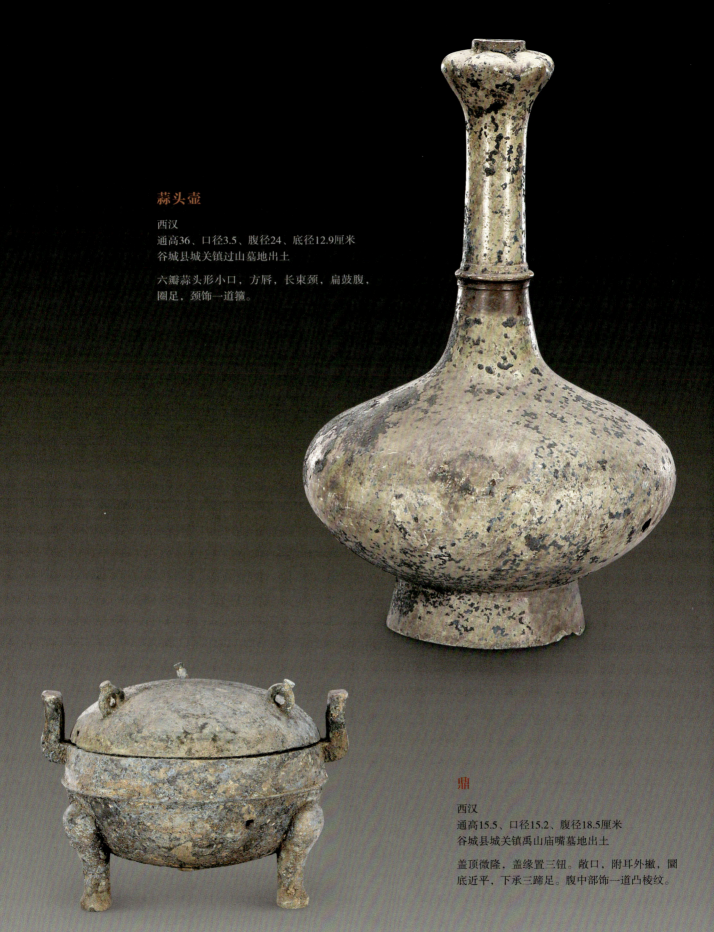

蒜头壶

西汉

通高36、口径3.5、腹径24、底径12.9厘米

谷城县城关镇过山墓地出土

六瓣蒜头形小口，方唇，长束颈，扁鼓腹，圈足，颈饰一道箍。

鼎

西汉

通高15.5、口径15.2、腹径18.5厘米

谷城县城关镇禹山庙嘴墓地出土

盖顶微隆，盖缘置三钮。敞口，附耳外撇，圜底近平，下承三蹄足。腹中部饰一道凸棱纹。

矛鐏（zūn）

西汉
戈体通长17.8、鐏通长22、直径2.4厘米
谷城县城关镇田家洼墓地出土

矛呈柳叶形。锋及刃锐利，脊突出，有血槽，钮、骹（jiǎo）截面呈圆形。鐏呈筒形，中部有一道箍，上面穿孔，孔内残留一截朽木。

簋

东汉
通高15、口径16.2、底径11厘米
谷城县城关镇康乐路墓地出土

浅折盘状盖，盖顶置有圆钮。直口微敛，斜壁，弧折腹，平底，喇叭形高圈足。盖饰柿蒂纹，腹部饰凸弦纹。

耳杯

东汉
高2.8、长径17.2厘米
谷城县城关镇康乐路墓地出土

体呈椭圆形。敞口，弧腹，平底，双耳与口齐平，边缘略上翘。耳面饰菱形几何纹，内底饰双鱼纹、锯齿纹。

禽兽规矩铭文镜

隋

直径15.4、厚0.4厘米

谷城县城关镇肖家营墓地出土

圆形。弓形钮，柿蒂形钮座。背部纹饰以单双
凸弦纹分隔为内区、中区、外区三部分，内区
饰八乳卷云纹，中区内侧饰四乳规矩禽兽纹，
外侧有一周铭文"上大山见神人食玉英饮口金
驾非龙无浮云"，铭文内外各饰一周凸弦纹、
栉齿纹，外区饰流云纹。

真子飞霜镜

唐

直径16、厚0.5厘米

谷城县庙滩镇柳树沟聂起成捐献

八出葵花形。龟钮，荷叶纹钮座。钮上方饰祥云托月纹，下方饰池水山
石，自池中生出一枝莲叶，即为钮座。左侧一人峨冠博带，坐而抚琴，
前设香案，后依竹林。池边有山石，草上方游云下一仙鹤向远处山林中
展翅飞翔，左侧一只鸾鸟立于岩石之上，振翅而鸣。此图实为伯牙抚琴
觅知音、鸾鸟映水舞不停故事再现，这些流传已久、家喻户晓的传说，
刻画在铜镜上，其表达的主题是求偶、求知音。

花鸟纹镜

唐

直径9.5、厚0.5厘米

谷城县城关镇粉水路墓地出土

平面呈八出菱花形，圆钮，圆钮座。内外区以凸弦纹分隔，均饰雀绕花枝纹，边缘外饰一周花枝纹。

花鸟纹镜

唐
直径11.3厚、0.5厘米
谷城县城关镇肖家营墓地出土

八出葵花形，圆钮，钮座下穿一孔，镜背以凸弦纹分隔为两区，外区饰蜜蜂，间花叶图案，内区饰对称四只鸟，间枝叶图案。

草叶纹镜

唐
直径15.5、厚0.1厘米
谷城县城关镇胡井墓地出土

圆钮，宽缘。背满饰四方连续草叶纹。

花卉纹镜

唐
直径19、厚0.5厘米
谷城县城关镇粉水路墓地出土

六出葵花形，半球状钮，镜背饰花卉
纹。镜面磨光。

莲花纹镜

宋
直径18.2、厚0.2厘米
谷城县城关镇征集

圆形，弓形钮，莲瓣纹钮座。外饰弦
纹，内区饰"人"字地纹和莲花纹，
边缘饰联珠纹一周。

柳毅传书故事镜

宋
直径17.5、厚0.3厘米
谷城县城关镇太平坊墓地出土

圆钮，宽缘。画面以钮为界，浅浮雕出陆地和河水上下两部分。陆地上沿着镜缘左侧伸出一株古树，树下一男一女（柳毅和龙女），女子衣带飘拂，男子面向女子，身子微向前倾，双手拱起，男女互作倾诉姿态，右侧一侍童在远处扶马仁立等候。草地上有野草、山花和几只不同姿态的羊，其间一方框内铭"河中府马家白铜镜"。波涛翻滚的河水中两条鱼在嬉戏。图画取材于唐代李朝威传奇小说《柳毅传书》故事，描绘的是洞庭龙君将小女许配给泾河龙后，被惩贬牧羊的情景。龙女手持羊鞭，立于草地，双手拱起，向柳毅倾诉悲惨身世，求托柳毅捎信给其父。

五骏铭文镜

明
直径12、厚1厘米
谷城县城关镇黄康墓地出土

圆形，圆钮。边缘起棱，内区纹饰为五马奔腾，外区隶书十六字："发花流采，波澄景回，月素斋明，监臻逾净"。

五子登科镜

明
直径23、厚1.2厘米
谷城县城关镇征集

圆形，边缘起棱。圆钮，圆台状钮座。钮周围楷书"五子登科"四字，各有方框，方框有子边，凸出边缘外饰弦纹一周。《宋史·窦仪传》记载：宋代窦禹钧的五个儿子仪、俨、侃、偁、僖相继及第，故称"五子登科"。此镜背"五子登科"的吉祥图案，寄托了一般人家期望子弟都能像窦家五子那样联袂获取功名。

陶器

Pottery

鼎

新石器时代
通高10.2、口径10.8～11.6厘米
谷城县石花镇下新店遗址出土

泥质灰陶，圆唇，宽沿，折肩，深弧
腹，圜底，下承三矮扁足。

豆

新石器时代
通高11.7、口径18.7、圈足径14.4厘米
谷城县石花镇水星台遗址出土

泥质黑陶，浅盘口，圆唇，圜底，圈足
满饰镂孔纹饰。

豆

新石器时代
通高18.6、口径21.4、圈足径13.2厘米
谷城县石花镇下新店遗址出土

磨光黑陶，双腹，腹较深，喇叭形
高圈足。

豆

新石器时代
通高12.8、口径16、圈足径11.2厘米
谷城县石花镇下新店遗址出土

磨光黑陶，侈口，圆唇，弧腹，圜底，圈足饰长条形镂孔。

杯

新石器时代
通高4.5、口径5、底径2.7厘米
谷城县石花镇下新店遗址出土

夹砂灰陶，侈口，斜壁下收，小平底。

杯

新石器时代
口径6.8、底径4.3、高7厘米
谷城县石花镇下新店遗址出土

敞口，圆唇，长颈，颈上饰二道凸弦纹，平底。近底饰一箍。

陶

器 —

059

杯

新石器时代
通高2.9、口径5.3、底径3.7厘米
谷城县石花镇下新店遗址出土

磨光黑陶。直口，方唇，平底。

杯

新石器时代
通高11.4、口径10、圈足径8.9厘米
谷城县石花镇下新店遗址出土

夹砂灰陶，圆唇，深直腹，喇叭形矮圈足饰镂孔。

擂钵

新石器时代
残高17.7、底径9.7厘米
谷城县城关镇水星台遗址出土

夹砂红陶，侈口残，斜壁，平底微内凹。内壁满饰直行刻槽。

盂形器

新石器时代
通高10.7、口径6.6、圈足径8.4厘米
谷城县石花镇下新店遗址出土

夹砂灰陶，侈口，圆唇，束颈，圈足
饰有一对圆形镂孔。

罐

新石器时代
高28.4、口径4.6、底径7.5厘米
谷城县城关镇水星台遗址出土

夹砂灰陶，侈口，束颈，深弧腹下收，
圜底，通体饰篮纹。

纺轮（2件）

新石器时代
直径3.1～4、厚0.5～0.7厘米
谷城县石花镇下新店遗址出土

泥质红陶，平面呈扁圆形，中间有一孔，轮面上用红彩绘有纹饰。原始社会，人类为了抵御寒冷，直接用草叶和兽皮蔽体，慢慢地学会了采集野生的葛、麻、蚕丝等，并利用猎获的鸟兽的毛羽，进行撮、绩、编、织成粗陋的衣服，家庭纺织业也随之出现。

盒

秦
通高12、口径16、腹径17、底径10.6厘米
谷城县城关镇田家洼墓地出土

泥质灰陶。带盖，盖呈折壁覆碗状。子母口，圆唇，弧腹，圜底，矮圈足。腹饰二道凹弦纹。

豆

秦

通高11.6、口径17.4、足径9.8厘米

谷城县城关镇田家洼墓地出土

泥质红陶。折盘较深，喇叭形圈足，柄上部饰一道凸棱，足周沿上翻。

陶器组合

秦

鼎通高20.4、口径19厘米，壶通高25.8、腹径15.8、圈足径9.6厘米，豆通高15、口径17.6、圈足径11.8厘米

谷城县石花镇杨溪湾墓地出土

陶器组合

秦

鼎通高17.5～19、口径16～16.5、腹径17厘米，豆通
高11.6、口径17～17.4、足径9.8～10厘米，盒通高
12～12.4、口径16～16.2、底径10.6～10.8厘米
谷城县城关镇田家洼墓地出土。

壶

西汉

通高34、口径18、腹径28.5、圈足径15.5厘米

谷城县城关镇田家洼墓地出土

泥质灰陶，盘口，束颈，溜肩，圆鼓腹，喇叭形圈足，肩部模印对称铺首衔环。器表满饰红地彩，壶上腹饰一周方格纹，下腹饰斜细绳纹。

仓

西汉

通高33、口径7、腹径16、底径14厘米

谷城县城关镇肖家洼墓地出土

通体施褐釉，博山炉盖，敛口，折肩，
直壁下收，平底，三兽足。

磨

西汉

通高13、盘口径19、底径16厘米

谷城县城关镇肖家洼墓地出土

泥质红陶，表面饰釉。敞口，浅腹，平底，三兽足。磨
盘为圆形，由上下两部分组成；上扇中部隆起，凿两对
接的半月形槽，下扇中部微隆，下部接磨盘。

鼎

东汉
通高15、口径17厘米
谷城县城关镇肖家营墓地出土

带盖，覆钵形盖，盖上浮雕有伏羲、鸟首图案。子母口，尖唇，双附耳外撇，折肩，鼓腹，圜底，下承三兽足，腹部饰一道凹弦纹，耳面饰方格纹。

壶

东汉
通高33、口径16、腹径27、底径16.2厘米
谷城县城关镇肖家营墓地出土

泥质红陶，上施青釉。盘口，方唇，长束颈，球腹，最大径偏中下腹，平底，下承高圈足，上腹对称置铺首。

壶

东汉
通高29、口径13、底径14厘米
谷城县城关镇康乐路墓地出土

泥质灰陶，通体施褐釉，大部分脱落。盘口，束颈，鼓腹，假圈足，平底。颈、腹饰两周凹弦纹。

仓

东汉
通高27、口径8厘米
谷城县城关镇筑阳路墓地出土

泥质红陶，体表饰不均匀黄釉。敛口，折肩，直腹下收，平底，下承三兽足。下腹有直径两厘米的圆孔。

猪圈

东汉
高19、长25.5、宽20.5厘米
谷城县城关镇肖家营墓地出土

泥质红陶。平面为方形，四周有院栏，一角设
陶屋，陶屋为四面坡式顶，顶有瓦垄，五级斜
坡台阶，圈内置大小猪各一只。

樽

东汉

通高15、口径16.5厘米

谷城县城关镇肖家营墓地出土

泥质红陶，通体施褐绿釉。带盖，呈浅覆盘状，盖顶置弓形钮。方唇，敞口，直壁，平底，三兽足。器身饰四道凹弦纹，盖钮周边饰团花纹，盖面饰四周连弧纹。

耳杯（3件）

东汉

高2.5～4.5、长径10～14、口短径5.5～8.8厘米

谷城县城关镇肖家营墓地出土

泥质红陶，内壁施褐釉，平面呈椭圆形，敞口，月牙形耳，弧壁，平底。

狗

东汉
通高13、长18.5厘米
谷城县城关镇老军山村马铃沟墓地出土

泥质红陶。身体曲卧，抬头平视，腹空。

狗

东汉
通高27、长24厘米
谷城县城关镇泰山庙墓地出土

泥质红陶。身体呈曲卧式，昂首，目
视前方，竖耳，颈部高耸，卷尾。

鸭

东汉

通高9、长11厘米

谷城县城关镇肖家注墓地出土

泥质红陶，通体施褐釉，呈站立状，
目视前方，腹空。

鸡

东汉

通高13.5、长18厘米

谷城县城关镇肖家营墓地出土

泥质红陶。火候较高，呈昂首站立
状，体表饰羽毛，腹空。

罐

东汉
通高28.3、口径14.4、腹径27.5、底径11厘米
谷城县城关镇肖家营墓地出土

侈口，束颈，溜肩，弧腹，圜底微内凹，肩饰
双鼻耳，肩及上中腹饰间断绳纹，下腹饰斜行
绳纹。

灶

东汉
通高15、长27.5、宽10.5厘米
谷城县城关镇肖家营墓地出土

泥质红陶，灶面施黄绿釉，大部分脱落。呈长
方体，前后有挡火墙，三角形单灶门，灶面设
三火眼并置釜，釜与灶体分离。

陶俑组合（8件）

南北朝
通高15～29.5厘米
谷城县城关镇肖家营墓地出土

共8件。泥质灰陶。站立，神情姿态各异。

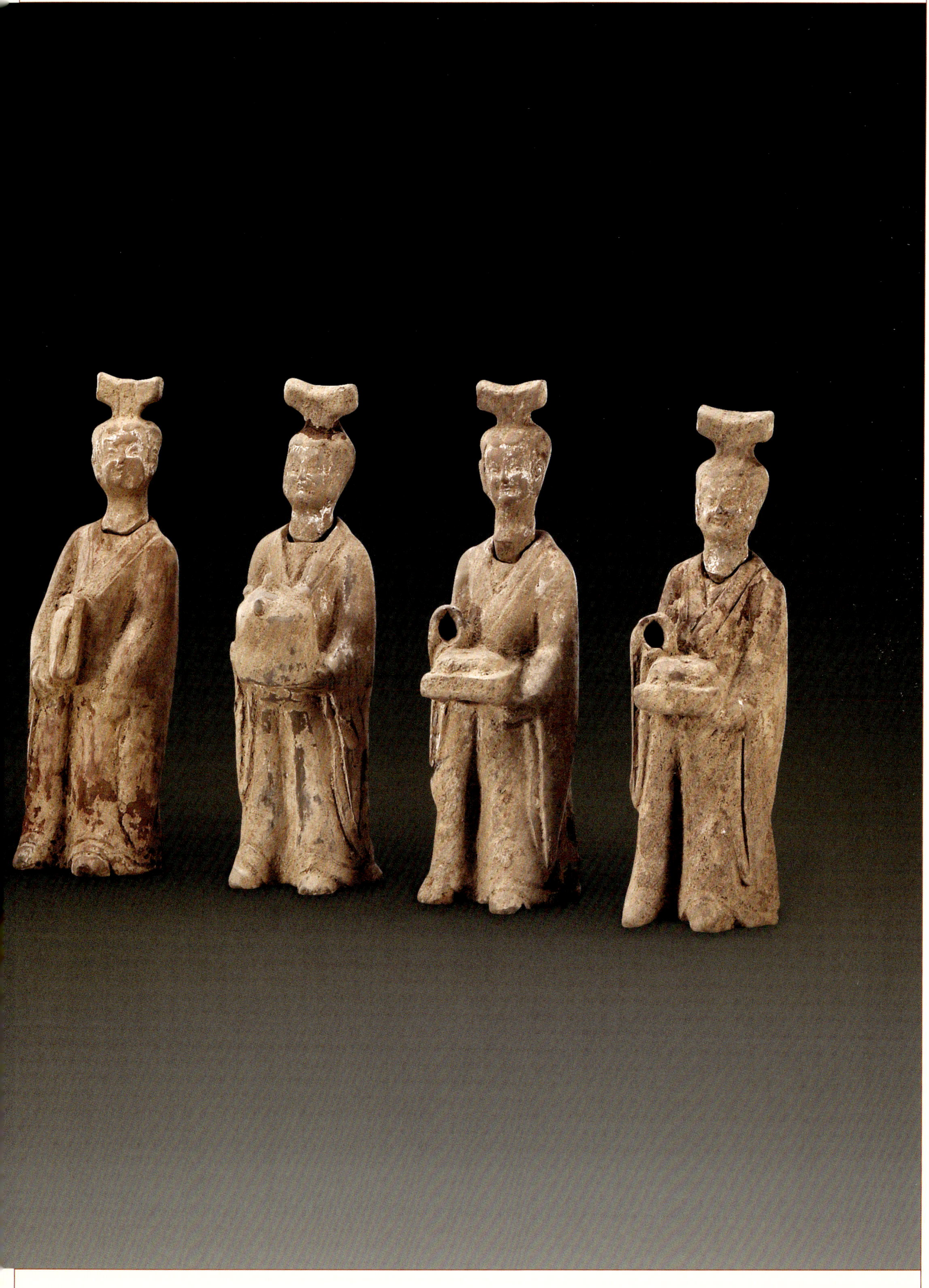

持物俑

南北朝
通高29.5厘米
谷城县城关镇肖家营墓地出土
泥质灰陶。呈站立状，头戴小冠，身着交领宽
袖衣，腰系宽带，两腿分开，左手持物，头下
有一榫（sǔn）插入俑颈上。

持笛飞天画像砖

南北朝

长18、宽12～14、厚6厘米

谷城县城关镇粉水广场墓地出土

楔形砖，图案浮雕在单平面上，主画面为一飞天头微右侧，戴花冠，腰略弯，面部圆润，五官模糊不清，身穿宽袖开襟衫，上披披帛，腰系长裙，飘带、裙摆飘舞于空中，双手持笛置于面前，空间散饰波涛状云气纹。

持笙飞天画像砖（2件）

南北朝
长18、宽12～14、厚6厘米
谷城县城关镇粉水广场墓地出土

楔形砖，图案浮雕在单平面上，主画面为一飞天头微左侧，戴花冠，腰略弯，面部方正，眼圆睁，高鼻，嘴微闭，长耳垂，面孔有力，面部男性特征明显。身穿宽袖开襟衫，上披披帛，腰系长裙，飘带、裙摆飘舞于空中，双手持笙置于面前，空间散饰波涛状云气纹。

朱雀画像砖

南北朝
长18、厚6厘米
谷城县城关镇肖家营墓地出土

方砖。画面主体浅浮雕火焰纹门额，门内雕一朱雀，高冠长喙（huì），翩翩起舞。

青龙画像砖

南北朝
长18、厚6厘米
谷城县城关镇肖家营墓地出土

方砖。画面主体浅浮雕一桃形火焰纹背光门额，门内雕一青龙，四周火焰纹环绕，龙张牙舞爪，有腾云驾雾之态。上部左右两角浮雕莲瓣纹。

涡纹画像砖

南北朝

长18、厚6厘米

谷城县城关镇肖家营墓地出土

方砖。单平面浅浮雕涡纹。

番莲纹画像砖

南北朝
长18、宽9、厚6厘米
谷城县城关镇粉水广场墓地出土

长方形，用于墓室棺床，单平面浅浮雕二枝大番莲纹。

番莲纹画像砖

南北朝
长18、宽9、厚6厘米
谷城县城关镇肖家营墓地出土

长方形，用于墓室棺床。砖单平面浮雕两枝8
瓣番莲。

番莲纹画像砖

南北朝
长38、宽16～18、厚6厘米
谷城县城关镇粉水广场墓地出土

单平面饰两枝番莲纹，其中一枝为12瓣番莲纹
外饰一周凸弦纹，另一枝为带叶8瓣番莲。

侍女画像砖

南北朝

长36、宽15～18、厚5.5厘米，长18、宽12～14、厚6厘米

谷城县城关镇粉水广场墓地出土

楔形砖。图案均浮雕在单短侧面上，主画面为一侍女身体稍右侧，呈行走状，头梳单髻，面部圆润，身穿宽袖开襟衫，腰系长裙，左手持博山炉，右手牵莲蔓置于肩上，空间散饰蓬草、莲瓣纹。

侍女画像砖

南北朝

长36、宽15~18、厚5.5厘米

谷城县城关镇粉水广场墓地出土

楔形砖。图案均浮雕在单短侧面上，主画面
为一侍女身体稍左侧，呈行走状，头梳单
髻，面部圆润，身穿宽袖开襟衫，腰系长
裙，双手持莲蔓，空间散饰蓬草、莲瓣纹。

武士画像砖

南北朝

长18、宽12~14、厚6厘米

谷城县城关镇粉水广场墓地出土

楔形砖。图案浮雕在单短侧面上。武士身体
稍左侧，呈行走状，头戴巾，上着短袍，下
着裤及膝，脚着履。左手执一杆状物（疑为
钱斧）置于身侧，身后负箭箙（fú），内有箭
数支。四周饰波曲纹边框。

侍女持宝瓶画像砖

南北朝
长36、宽15～18、厚5.5厘米
谷城县城关镇粉水广场墓地出土

楔形砖。图案均浮雕在单短侧面上，主画面为一侍女身体稍右侧，呈行走状，头梳单髻，面部圆润，身穿宽袖开襟衫，腰系长裙，左手持宝瓶插花，右手牵莲蔓置于肩上，空间散饰蓬草、莲瓣纹。

仕女画像砖

南北朝
砖长18.5、宽14～16、厚6厘米
谷城县城关镇肖家营墓地出土

楔形砖。单短侧面饰浅浮雕的仕女人物图案。

忍冬纹画像砖

南北朝

长38、宽10～18、厚6厘米

谷城县城关镇粉水广场墓地出土

楔形砖。单平面饰直细绳纹，单短侧
面浮雕缠枝忍冬纹。

番莲纹画像砖

南北朝

长38、宽10～18、厚6厘米

谷城县城关镇粉水广场墓地出土

楔形砖。单平面饰直细绳纹，单短侧
面浮雕番莲纹。

"钱斧"文字画像砖

南北朝

长37、宽18、厚5.5厘米

谷城县城关镇粉水广场墓地出土

单短侧面模印阳文或刻划阴文"钱斧"二字，此砖用于墓壁上。"钱斧"是仪仗用的器具。

"大利卜"文字画像砖

南北朝

长38、宽10～18、厚6厘米

谷城县城关镇粉水广场墓地出土

楔形砖。单平面饰直细绳纹，单短侧面模印阳文"大利卜"，此砖用于甬道券顶。"大利卜"是占卜选好日子下葬。

二龙戏珠画像砖

南北朝
长57、宽18.5、厚6厘米
谷城县城关镇肖家营墓地出土

单长侧面浅浮雕"二龙戏珠"图案，
单短侧面浅浮雕八瓣莲花及菊花纹。

二龙戏珠画像砖

南北朝
长55、宽18、厚5.5厘米
谷城县城关镇粉水广场墓地出土

图案浮雕在单长侧面上，主画面浅浮
雕"二龙戏珠"图案，二龙身狭长，
蟠曲相向，四周饰海水、波涛纹。双
短侧面浅浮雕番莲纹。

龙纹画像砖

南北朝
长57、宽18、厚6厘米
谷城县城关镇三岔路墓地出土

单短侧面浅浮雕龙纹图案。龙身向左
腾空而起，昂首翘尾，三爪。

宝瓶插花画像砖

南北朝
长38、宽18、厚6厘米
谷城县城关镇肖家营墓地出土

单短侧面浅浮雕"宝瓶插花"图案。莲
花座上放置细长颈瓶，瓶内插三枝含苞
欲放和开放的喇叭花。

瓷 器

Porcelain

壶

东晋
通高30、口径10.7、底径15.7厘米
谷城县城关镇泰山庙墓地出土

内外施青釉。盘口较浅，细颈，鼓腹，平底。鸡首昂立，肩部置四个对称桥形系，肩腹部有龙形柄。上腹饰三道凹弦纹，腹中部有刻划纹饰。龙首柄鸡首壶是东晋晚期新出现的形式，以后逐渐流行。

壶

晋

高11、口径6.5、底径8.8厘米

谷城县城关镇泰山庙墓地出土

灰白胎，施青釉，不及底，部分脱落，釉色泛灰黄。盘口，束颈，溜肩，鼓腹，平底。肩部对称分布四桥形系。颈、肩部分别饰一周凹弦纹。

碗

南北朝

高5.1、口径8.5、底径5.4厘米

谷城县城关镇肖家营墓地出土

灰白胎，内外均施青釉。敞口，尖唇，弧腹，假圈足。

盏

南北朝

高6.5、口径8.5厘米

谷城县盛塘镇前营墓地出土

灰胎，身施青釉泛绿，不及底，露胎。侈口，圆唇，直壁内收，假圈足较矮，实为饼形底。

碗

南北朝
高4、口径8.5、底径5.8厘米
谷城县盛塆镇前营墓地出土

灰白胎，内外施青釉，不及底，有脱落现象。敛口，腹微鼓，圈足稍内倾。内壁有二个支钉痕。

盏

南北朝
高5.1、口径7.9、足径3.2厘米
谷城县盛塆镇后营墓地出土

灰白胎，内外均施青釉，外不及底，有滴釉现象。侈口，直腹，假圈足，实为饼形底。

碗

南北朝
高6.5、口径14.5、底径9厘米
谷城县石花镇老君台墓地出土

灰胎，通体施绿釉，有脱落。敞口，尖唇，弧腹，假圈足略内凹，实为平底。碗内有11个支钉痕。

盏

南北朝
高8.5、口径12.3、足径3.9厘米
谷城县盛塆镇后营墓地出土

灰白胎，施青釉，外不及底。敛口，圆唇，腹
微鼓，假矮圈足，平底略内凹。

盏

南北朝
高8.3、口径12.9、足径4.3厘米
谷城县盛塆镇后营墓地出土

灰白胎，通体施青釉，外不及底。敛
口，圆唇，腹微鼓，假圈足略外撇，
实为玉璧形底。

碗

南北朝
高5、口径15、底径7厘米
谷城县盛塆镇后营墓地出土

灰白胎，施青釉，不及底，足露胎。
敞口，圆唇，斜鼓腹，假圈足。

碗

南北朝
高6、口径18、底径10厘米
谷城县石花镇殷畈墓地出土

灰白胎，上施青釉，不及底。敛口，圆唇，鼓腹，假圈足，实为平底。碗内有17个乳钉。

壶

南北朝
通高20.3、口径9.9、底径9.2厘米
谷城县城关镇韩家卡墓地出土

上腹施青釉，不及底。盘口，短束颈，溜肩，肩部对称分布四桥形系，鼓腹，平底。肩部饰一周凹弦纹。

罐

南北朝
高19.5、口径11.5、底径11.5厘米
谷城县盛塃镇前营墓地出土

敛口，圆唇，肩部对称分布四桥形系，鼓腹，平底。上腹施半截褐釉，下腹露胎，轮制痕迹明显。

壶

南北朝
通高21.5、口径13.5、底径9厘米
谷城县城关镇肖家营墓地出土

施青釉，不及底。盘口，束颈，肩部
对称分布四桥形系，鼓腹，平底。

壶

南北朝
通高23.5、口径12.5、底径8.5厘米
谷城县盛塘镇双堰墓地出土

灰白胎，身施青釉泛绿，施釉及底，
下腹露胎。盘口，束颈，溜肩，肩部
有四桥形系，鼓腹内收，平底。腹部
饰三凸弦纹。

碗

南北朝
高6.3、口径17.8、底径10.7厘米
谷城县城关镇粉水路墓地出土

灰白胎，上腹部施青釉，泛绿，不及底。敞口，圆唇，斜弧腹，平底。碗内有八个支钉痕。

碗

唐
高3.4、口径11.3、足径4.3厘米
谷城县南河镇九里坪墓地出土

灰白胎，施白釉不及底，下腹露胎。敞口，斜弧腹，矮圈足。

壶

唐

通高44、口径16.6、腹径23、底径13.6厘米

谷城县城关镇肖家营墓地出土

盘口较宽，长束颈，溜肩，弧腹下收，平底。肩部置四桥形系，上腹及盘口内壁施青釉，不及底。

碗

宋

高4.5、口径14.5厘米

谷城县盛塆镇柳桥墓地出土

灰白胎，施白釉，不及底，圈足露胎。敞口、卷沿、弧腹、矮圈足。

碗

宋

高4、口径14厘米

谷城县盛塆镇柳桥墓地出土

灰白胎，施白釉，不及底，圈足露胎。敞口，圆唇，卷沿，斜腹，假圈足较矮，玉璧形底，足跟处内削。

碗

宋

高4、口径16、底径5.2、高4.7厘米

谷城县城关镇肖家营墓地出土

灰白胎，施青釉，釉色泛黄，底无釉。敞口，尖唇，斜腹内收，圈足较矮。内壁刻划水草纹。

香炉

元
通高13、口径11厘米
谷城县茨河镇石嘴子墓地出土

灰白胎，通体施青釉，釉色发灰。直口，平折沿，圆唇，直颈，鼓腹，矮圈足，旁附三蹄形足略外撇。底部有孔，腹内有三个支钉。

盘

清
直径26.2、高4.5厘米
谷城县庙滩镇黄畈征集

敞口，斜弧壁内收，胎质比较敦厚，通体饰淡青釉，青花料泛蓝。内壁饰青花山水图案。足沿露胎，圈足内行书落款"成化年制"。此件瓷器应为清代仿制品。

瓶

清

通高19.2、口径5.3、底径7.3厘米

谷城县庙滩镇黄畈征集

体施青白釉。敛口，短束颈，方形圈足。腹外饰八卦纹。

玉 器 ─| Jades |─

璧

战国
直径13.8、穿孔径3.8、厚0.45厘米
谷城县冷集镇尖角墓地出土
2009年谷城县公安局移交

青玉，呈青灰色，双面阴刻谷纹，内、外缘各饰一周凹弦纹，纹饰紧密有致。璧最早出现于史前时期。到战国时期玉璧用途更广，除了作为礼玉外还用于装饰和陪葬。此璧满布谷纹，谷纹是战国最流行的纹样。谷纹玉璧为六瑞之一，《周礼·大宗伯》："以玉作六瑞，以等邦国……子执谷璧"，即用六样不同尺寸形状的玉作为阶级与职权的区别。

环

战国
直径9.4、穿孔径5、厚0.5厘米
谷城县冷集镇尖角墓地出土
2009年谷城县公安局移交

青玉。边缘有黄褐色沁斑，素面。

环

战国
长20.6、宽4.4、厚0.6厘米
谷城县冷集镇尖角墓地出土
2009年谷城县公安局移交

青玉，微泛黄，双面浮雕谷纹。

佩

战国
长11.2、高8.8、厚0.6厘米
谷城县冷集镇尖角墓地出土
2009年谷城县公安局移交

青玉，整器扁平，龙体卷曲呈"S"字形，作盘旋游动状，给人以律动感。龙颔（hàn）首，拱背，卷尾，脊部立一回首螭，满饰谷纹，造型别致。楚人喜凤，也崇尚龙，龙可栖身于泥淖（nào），也可兴云作雨飞腾上天，是人、神之间交流的工具。

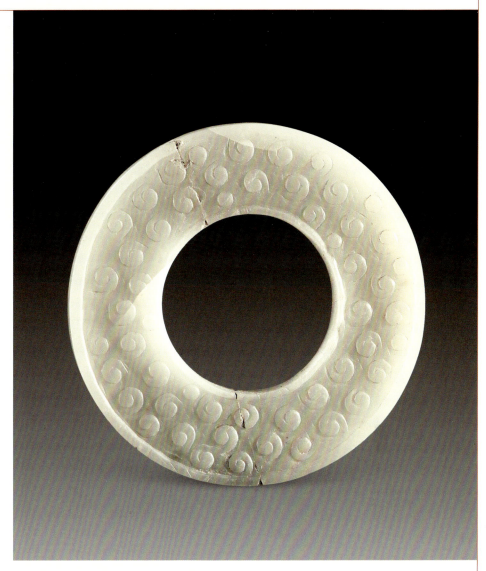

璜（huáng，4件）

战国
长8.9、宽1.7、厚0.25厘米
谷城县冷集镇尖角墓地出土
2009年谷城县公安局移交

青玉，体扁平，呈弧形，单面饰谷纹，拱背中间有一小圆穿，边缘有脊棱。
璜为六器之一，《周礼·大宗伯》："以玉作六器，以礼天地四方……以玄
璜礼北方。"璜类玉器产生于新石器时代，用作礼器与佩玉。随着时代的发
展，其的功能性质发生了变化，西周时期盛行以璜作杂佩，一套佩玉中出现
多重玉璜，自上而下排列，这一时俗影响一直延至春秋、战国时期。

璜（2件）

战国
长11.4、宽1.7、厚0.5厘米
谷城县冷集镇尖角墓地出土
2009年谷城县公安局移交

青玉，体扁平，呈弧形，素面，拱背
中间有一小圆穿，边缘有脊棱。

佩（2件）

战国
长10.7、宽3.6、厚0.3厘米
谷城县冷集镇尖角墓地出土
2009年谷城县公安局移交

青玉，体扁平，上透雕对称回首凤纹，
拱背上有一穿孔。该器雕刻精美，富于
活力。

璧

西汉

直径14.2、内孔径4.1、厚0.3厘米

谷城县城关镇过山墓地出土

2009年谷城县公安局移交

青白色。边沿及内沿各饰凹弦纹，间饰乳钉云纹。

璧

西汉

直径13.6、内孔3.8、厚0.3厘米

1975年谷城县城关镇城乡大队出土

青白色。西汉礼仪玉璧，边沿及内沿饰一道凹弦纹，间饰乳钉云纹。

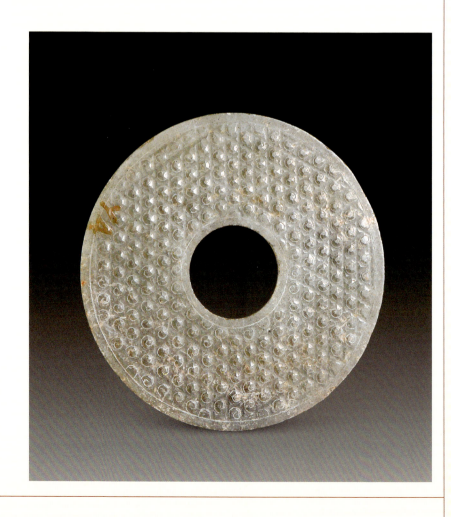

带钩

宋

长8、宽1.5、最大径1.7厘米

谷城县城关镇征集

白玉。龙首弯曲，通身作"S"字形。正面凸起，断面为半圆形，背面平置一椭圆形钉帽。

佩

清

长4.9、宽4.4厘米

谷城县城关镇征集

紫红色。整器呈蝠形，正面浮雕一瑞兽（似鹿），兽顶上方置两穿孔，背面楷书"福禄寿"三字。

诗画印章

清

高8.3、长11、宽7厘米

谷城县城关镇征集

黄玉。平面呈不规则梯形，立面呈半圆形。印面篆书14字："上苑春风挥翰墨，南斋佳气接蓬莱"，印背浮雕险峰、劲松、人物故事等。一侧面上部有两老人，一前一后扶杖登山，前者手指前方，回首与后者叙谈，后者侧耳倾听。中部两人倚几而坐，谈笑自如。下端劲松下一老人扶杖登山。另一侧山崖间有三人同行，两人扶杖，窃窃私语，另一人在松下双手扶杖遥望。

其他

Others

料珠

秦
直径2.4、高2、孔径0.9厘米
谷城县城关镇田家洼墓地出土

呈球形，中部有圆形穿孔。浅蓝底，上饰
白底青色蜻蜓眼9枚。

铁锄

东汉
高30.4厘米
谷城县城关镇白龙岗墓地出土

锄板半圆形，把向后弯曲呈"S"字
形，安柄处置一圆环。

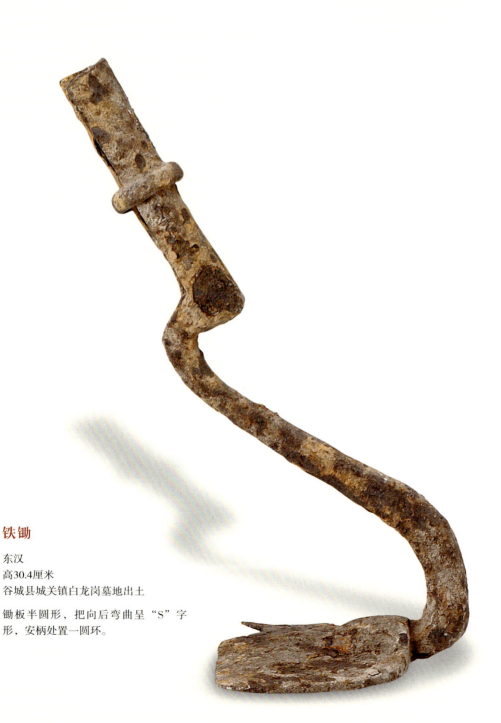

银钗

隋
长21.7厘米
谷城县城关镇肖家营墓地出土

双股，整体呈"U"字形，后端转折处宽扁，尖略粗，横断面为圆形。

银钗

唐
长18.8、17.3厘米
谷城县城关镇征集

折合而成，中间折合处较扁，两头尖。

石俑（4件）

明

通高75~78、座高12、宽20厘米

谷城县紫金镇陕峪墓地出土

呈站立状。分别为捧物石俑、捧桃石俑、捧印
石俑、捧瓶石俑。

附 录

重点古建筑

承恩寺

千年古刹承恩寺位于谷城县茨河境内，始建于隋大业年间，距今已有1400多年的历史。原名"宝严禅寺"，唐改名"广德宝严禅寺"，宋、元屡毁屡建，明永乐二十一年（1423）重修，天顺年间改名"大承恩寺"，嘉靖四十二年（1563）再次重修，清代多次整修。坐北朝南，占地面积1237平方米。前低后高，沿中轴线对称布局。现存天王殿、水陆崇圣殿、钟楼、和尚殿及石碑10通。寺旁金子山、狮子峰、玉石碑、卧牛池、青丝泉、玉带水、锁凤桥、万斤钟等，素有八景之称，其建构雕梁画栋，气势恢宏。2006年4月10日被批准为全国第六批重点文物保护单位。

谷城历史街区老街

　　谷城历史街区老街地处谷城县城南河与汉江交汇处，是汉水中游正处汉江平原尾梢至高山峡谷的过渡区域。谷城地理位置优越，历史上曾是鄂西北重镇，其交通形式以便捷繁盛的水路为主要特征，形成了以中码头为核心，汉水、南河为水路重点，以沿南河走向的老街为陆路重点的城市形态。谷城老街现存建筑风格为清代，它见证了谷城城市的发展及历史变迁。

　　谷城老街原是商业街，商贾以家开店，"前店后寝"，中以一道称为塞墙的砖墙分隔，划分了不同的功能空间。中国传统建筑的规范形制为奇数开间，明间大、次间小。谷城民居却反其道而行之，明间小、次间大，这大致是为了尽可能扩大商业空间的面积。民居第一进院子上空常架设一个天棚（亦称抱亭，多为四阿顶），有的覆以黑瓦，后有人采用明瓦（玻璃瓦）。在其三进天井院或后院一般设一太平门，通向邻家，以防匪防灾。门为双控式，两家均有插销，须由两家同时开启。沿街民居一般为两层，每层楼施一道檐，与徽州的高堂深第不同的是其层高较低。沿街民居的色彩还完全属晚清遗留，铺板与梁上垫板均用黑，柱与梁用青蓝，这应为明代旧制。

三神殿

　　三神殿位于谷城县城关镇中码头街，始建于明末清初。占地面积2400平方米，坐南朝北，为三进四合院式布局，有山门、戏楼、前殿、中殿、后殿及厢房等。因供奉雷神、水神、财神而得名。

　　三神殿呈中轴线对称布局，前低后高，院落层层序进。圆柱、方柱并用，寓意天圆地方，也体现出南北交融的建筑特色。三神殿布局严谨，设计巧妙，用材精良，工艺精湛，体现了清代建筑的独特设计理念，也是研究鄂西北民俗文化的珍贵实物资料。

谷城县建置沿革

朝　代	名　称	隶　属	说　明
周（春秋战国，前770-前221）	谷国	西周	鲁桓公七年（前705）谷伯绥来朝。
		楚	谷国在春秋早期为楚国吞并，沦为附庸。
秦（前221-前207）	筑阳县	南阳郡	前223年，秦平鄢郢立为县。以地在筑水之北，定名为筑阳县。
西汉（前206-24）	筑阳县	荆州南阳郡	
	筑阳侯国		文帝元年（前179)封萧何的小儿子萧延为筑阳侯。
	涉都侯国		元封元年（前110）南海太守弃的儿子嘉被封为涉都侯。
新莽（9-25）	宜禾县	荆州前队郡	王莽改筑阳县为宜禾县。
东汉（25-220）	筑阳县	荆州南阳郡	
	筑阳侯国		52年，刘秀封勋臣吴汉的孙子吴盱为筑阳候。
三国（220-265）	筑阳县	魏荆州南乡郡	建安十三年（208）三国时期荆州双立，魏荆州治宛，吴荆州治江陵，分南阳郡立南乡郡。
西晋（265-316）	筑阳县	顺阳郡	晋改南乡郡为顺阳郡。
东晋十六国（317-420）	筑阳县、汛阳县（侨）、	雍州(侨)扶风郡(侨)	永嘉之乱，雍、秦流民，多出樊沔，孝武帝于襄阳侨立（有名无实土）雍州。
	义城县(侨)	雍州（侨）义城郡（侨）	
南北朝（420-589）	筑阳县、汛阳县（侨）、义成县	雍州扶风郡、义成郡	宋元嘉二十六年（449），割荆州之南阳等五郡，仍置雍州。其侨郡皆属。大明中，又分实土，以为侨郡县境。宁康中，置义城郡。立义城与筑阳，分县而治。宋置扶风郡。扶风太守治筑口，领县筑阳、汛阳。梁省汛阳。西魏废扶风、义城二郡。又改雍州为襄州。
隋（581-618）	谷城县	荆州襄阳郡	隋初省筑阳入义城。开皇十八年（598）改义城为谷城。
唐（618-907）	谷城县	山南东道襄州	618年改郡为州。627年分道后，属山南道。634年省光化入谷城。733年调整道后，属山南东道。
宋（960-1279）	谷城县	京西南路襄州（襄阳府）	946年割谷城原光化之域置光化军，又析谷城三乡置乾德县。初属京西路，宁熙五年（1072）属京西南路，宣和元年（1119）升襄州为襄阳府。南渡后置京西安抚司。
元（1279-1368）	谷城县	河南江北行省襄阳路	至元十年（1273)罢宋京西安抚司，立河南等路行中书省。
明（1368-1644）	谷城县	湖广布政司襄阳府	明初属湖北行省。洪武九年（1376）改行省为承宣布政使司。
清（1644-1911）	谷城县	湖北布政司襄阳府	清初沿用明制。1664年分湖广布政司立湖北布政司。清末曾改属安襄郧荆道。
中华民国（1912-1949）	谷城县	湖北省襄阳道、第八行政督察区、第五行政督察区	辛亥革命后，属湖北军政府襄阳军政分府。1916年分道后，属襄阳道。1927年废道。1931年属湖北省第八行政督察区。1936年改属湖北省第五督察区。民国末年属第十五绥靖公署。
中华人民共和国（1949年至今）	谷城县	湖北省襄阳地区行政专员公署、湖北省襄阳市人民政府	1947年底，谷城汉水以北地区解放，成立谷城县爱国民主政府，属桐柏行署三专署。1948年7月全县解放，改属桐柏行署汉南办事处。1949年新中国成立后，成立人民政府，属襄阳行政区专员公署。1955年改属襄阳地区行政公署。1956年改为谷城县人民委员会。1968年改为谷城县革命委员会，属襄阳地区革命委员会。1981年复称谷城县人民政府，属襄阳地区行政公署。1983年10月，隶属襄阳市人民政府至今。

后记

　　经过两年多的辛勤努力，《谷城文物精粹》终于付梓了！这部图集凝聚了省、市文物专家及我县文物工作者的心血和汗水，是集体智慧的结晶。

　　本书的编写出版得到了湖北省文物局的鼎力支持，湖北省文物局博物馆处处长雷鸣，襄阳市博物馆研究员王先福、陈千万、副研究员杨力给予了极大关心和倾力帮助，襄阳市博物馆张靖、卢亚妮为本书的体例、文稿撰写给予支持。在此，我们对关心、支持、帮助本书出版的领导、专家、文物工作者一并表示衷心感谢！

　　文物图集展示了谷城上下五千年的多种门类的数百件文物和部分古建筑，历史跨度大，专业性强，难免会出现疏漏和错误，恳请专家、文物界同仁和广大读者批评指正。

编　者

2012年6月

责任编辑：王　伟　李　红
装帧设计：李　红
责任印制：王少华

图书在版编目（CIP）数据

谷城文物精粹 / 谷城县博物馆编著.—北京：文物出
版社，2012.7
　ISBN 978-7-5010-3480-2

　Ⅰ.①谷… Ⅱ.①谷… Ⅲ.①出土文物－介绍－谷城
县 Ⅳ.①K872.634

中国版本图书馆CIP数据核字(2012)第126585号

谷城文物精粹

编　　著	谷城县博物馆
出版发行	文物出版社
	（北京东直门内北小街 2 号楼　邮政编码 100007）
	http://www.wenwu.com
	E-mail：web@wenwu.com
制版印刷	北京图文天地制版印刷有限公司
经　　销	新华书店
开　　本	889×1194　1/16
印　　张	7.75
版　　次	2012年7月第1版　2012年7月第1次印刷
书　　号	ISBN 978-7-5010-3480-2
定　　价	180.00元